Publications des « TEMPS NOUVEAUX » — N° 63

JEAN GRAVE

Contre la Folie des Armements

Prix : 10 centimes

Groupe de Propagande par la Brochure

La propagande par la Brochure est une des meilleures propagandes si on peut la faire avec suite.

Le Révolté, *La Révolte*, *Les Temps Nouveaux* s'y sont employés de leur mieux. A l'heure actuelle, plus de 60 brochures diverses, dont les différents tirages réunis, dépassent un million d'exemplaires, ont été lancées par eux.

Malheureusement, les fonds manquent pour pouvoir en imprimer plus souvent de nouvelles, ou réimprimer, lorsque c'est nécessaire, celles qui sont épuisées.

Il s'agit donc de trouver **500** souscripteurs s'engageant à verser chacun **12** fr. par an. Nous serions alors en mesure d'imprimer chaque mois — ou de réimprimer parmi celles épuisées — une nouvelle brochure de **0** fr. **10** ou deux de **0** fr. **05**.

Par contre, voici les avantages que nous offrons aux souscripteurs :

1° A chaque tirage, il leur sera expédié autant d'exemplaires que le comportera le montant de leur souscription calculé avec une remise de 40 0/0, frais d'envoi déduits

Ce qui leur permettra de s'employer à la propagande, en faisant circuler les brochures parmi ceux qu'ils connaissent, soit en les distribuant eux-mêmes, soit par la poste lorsqu'ils ne voudront pas faire savoir qu'ils s'intéressent à la propagande;

2° A chaque souscripteur qui sera libéré de sa souscription, il sera envoyé une lithographie spécialement tirée pour les souscripteurs.

Cette lithographie qui sera demandée à l'un des artistes qui ont déjà donné au journal, ne sera pas mise en vente et vaudra à elle seule, largement, le prix de souscription ;

3° A ceux qui souscriront **15** francs par an, il sera expédié un nombre de brochures dont le montant égalera celui de la souscription, calculé, toujours avec une remise de 40 0|0, plus une eau-forte qui, elle aussi, sera tirée spécialement pour eux, et non mise dans le commerce.

Ceux qui savent le prix d'une eau-forte artistique apprécieront le cadeau que nous leur offrons ;

4° A ceux qui souscriront au-dessus de **15** francs, il sera fait cadeau de la lithographie et de l'eau-forte.

Au camarade qui nous trouvera **10** souscripteurs, il sera fait cadeau de la lithographie. — Celui qui en trouvera **20**, recevra l'eau-forte.

Les souscriptions peuvent être versées par fractions mensuelles ou trimestrielles, etc., au gré des souscripteurs.

A ceux qui s'engageront mensuellement et qui ne se libéreraient pas de leur promesse, il sera, à la fin du trimestre, adressé un remboursement pour les 3 mois.

Adresser les souscriptions au camarade Ch. BENOIT,
3, rue Bérite, PARIS.

N.-B. — En discutant avec des camarades, il est facile de leur glisser une brochure, et de leur arracher deux sous. Les souscripteurs pourront ainsi récupérer le montant de leur souscription, et augmenter leur propagande.

Brochures à l'étude : *Origines et morale du Christianisme*, de Letourneau. — *La République des financiers*, de Delaisi — *L'Anarchie et l'Eglise*, de Reclus. — *L'Anarchie dans l'évolution socialiste*, de Kropotkine. — *La libre initiative*, de Kropotkine. — *La Morale anarchiste*, de Kropotkine, etc., etc.

Publications des « TEMPS NOUVEAUX » — N° 63

JEAN GRAVE, etc., etc.

Contre la Folie des Armements

Prix : 0 fr. 10

1er Tirage, 10,000 Exemplaires

PARIS
LES TEMPS NOUVEAUX
4, Rue Broca, 4

1913

CONTRE LA FOLIE DES ARMEMENTS

La Réaction en marche!

S'il y avait un point que l'on croyait avoir acquis, c'était bien celui de la diminution du temps de service actif. Même, pour la majorité des gens, le service de deux ans n'était qu'un maximum provisoire en attendant une réduction nouvelle et, peut-être, un acheminement vers le système des milices, qui, n'exigeant que des périodes très courtes de service, auraient été moins désastreuses moralement, intellectuellement, matériellement. Ce n'aurait pas encore été la disparition des armées permanentes, mais tout au moins un commencement.

Il a suffi de quelques ministères radicaux-socialistes pour faire crouler tout ce qui était gagné, pour nous ramener au lendemain de 71 et voir se développer une chauvinite aiguë, qui va se traduire par un an de plus de service pour les classes à venir, une augmentation d'effectifs et, par conséquent, des impôts en plus, sans compter l'augmentation des chances de guerre que tout ce tintamarre entraîne avec lui.

Ce qui prouve que les étiquettes politiques ne valent pas mieux que celles qui, dans le commerce, recouvrent les produits sophistiqués avec lesquels des mercantis sans vergogne empoisonnent les consommateurs, puisque des ministres socialistes — voire révolutionnaires — osent les mesures de réaction que n'oseraient employer de simples conservateurs.

Nous sommes menés par la banque, le commerce et l'industrie et les politiciens, qu'ils soient conservateurs, modérés, centre-gauche, radicaux, radicaux-socialistes ou socialistes, ne sont que les hommes d'affaires de ceux qui les gouvernent dans la coulisse. C'est le peuple qui les nomme, c'est la finance qui les choisit et leur dicte ses volontés.

***

Je veux bien espérer que, derrière tout ce bluff patriotique, il y a surtout — et pardessus tout — une question de fournitures.

La combinaison Poincaré, Etienne et Baudin en était l'indice. Cette floraison de patriotisme n'est que l'effet de sa réussite.

Présidence et ministère d'affaires, syndicats d'intérêts: intérêts des fabricants de drap pour uniformes, intérêts des confectionneurs desdits uniformes, intérêts des fabricants de cuirs pour harnais et souliers, intérêts des selliers et des cordonniers, intérêts des fabricants d'armes et de canons, intérêts des fournisseurs de vivres, de literie, d'objets de campement, des fabricants d'aéroplanes, sans compter les casernes à construire, les achats de terrains, les expropriations que cela entraîne. Ces intérêts, c'est une autre armée qui vit de la première, et, si le peuple ne sait pas se défendre, eux autres savent se faire entendre.

Si on rappelle une ou deux classes sous les drapeaux — si on maintient celles qui y sont un an de plus, le résultat est le même — cela veut dire trois à quatre cent mille hommes de plus à habiller, à nourrir, à chausser, à loger, à blanchir, à armer. Or, s'imagine-t-on ce que cela représente de millions à manier ? ce que ces millions représentent de bénéfices pour les fournisseurs, pour les actionnaires des compagnies concessionnaires, de pots-de-vin pour les intermédiaires et de places d'officiers pour la graine de bourgeois ?

Le service de trois ans pour tous, sans exception... Quelle bonne blague ! L'étudiant qui serait forcé d'interrompre ses études pendant trois ans n'aurait qu'à recommencer à sa sortie de l'armée, ayant travaillé jusque-là pour rien. La bourgeoisie n'acceptera pas cela pour les siens, soyez-en sûrs.

Comme toutes les lois, la loi de trois ans, en principe, s'appliquera à tous. A tous, sauf les exceptions, et ces exceptions, soyez-en sûrs, ne concerneront pas les ouvriers. Et voilà comment on se moque d'eux — puisqu'ils laissent faire.

On l'a dit depuis longtemps : le système de la paix armée est un système qui ne peut s'éterniser, qui mène les nations à la faillite ou à la guerre ! Et cependant voilà plus de quarante ans que ça dure et que l'on tire encore sur la ficelle.

Mais, lorsqu'on demande à la ficelle de soulever plus que sa force de traction ne le comporte, la ficelle casse. Et plus on tire dessus, plus on lui demande de tirer, plus vite on approche du moment où elle cassera.

Seulement, les requins qui vivent de la paix armée ne craignent pas que la corde casse, car, dans le conflit que pourra amener cette folie de l'armement, ils pourront trouver moyen de gagner encore plus et encore plus vite.

Oh ! le Populo grogne d'avoir tant d'impôts à payer ; il grognera sans doute aussi lorsqu'il verra ses fils rester trois ans à la caserne, au lieu de deux. Il grognera encore davantage lorsqu'il les verra partir se faire casser la gueule pour le plus grand profit des flibustiers qui le grugent ; il pleurera sans doute un peu lorsqu'il les verra revenir avec une patte en moins, ou que lui parviendra l'avis « qu'ils sont morts au champ d'honneur ! ». Mais qu'importe aux requins qu'il discute, qu'il grogne ou qu'il pleure, pourvu qu'il paie et que, bien sage, il réponde aux ordres de mobilisation ?

Or, il faut avouer que les tripoteurs auraient bien tort de se gêner. Populo est admirable, Populo est le modèle des citoyens. S'il grogne, c'est de façon à ne pas interrompre le concert patriotique que nous font entendre ministres, députés et journalistes vendus.

On ne voit qu'eux, on n'entend qu'eux. Partout, c'est la note patriotique qui se fait entendre. Populo, s'il grogne, grogne tout bas, afin de ne pas troubler un si bel unisson.

Ah ! s'il restait encore quelque énergie chez les travailleurs, s'ils avaient conscience des cataclysmes vers lesquels on les achemine, dès qu'il a été question de la loi de trois ans, on aurait dû voir se lever de tous côtés les protestations indignées de ceux qui en ont assez de payer de leur liberté, de leur sang, de leurs sueurs, les honteux tripotages qui doivent assurer quelques millions de bénéfice aux mercantis de la finance, de la politique, de l'industrie...

Les cris de réprobation auraient dû être tels qu'ils auraient dû couvrir la voix des braillards du militarisme, faire taire la gueule des loups-cerviers du patriotisme.

La C. G. T. a organisé un meeting de protestation, c'est très bien, mais c'est insuffisant. Ce genre de manifestations ne peut se répéter souvent, et il faut que les protestations soient incessantes : il ne faut pas qu'elles s'arrêtent.

Est-ce que les mères de ceux que l'on va enlever n'auraient pas dû, déjà, faire entendre leur voix ? Est-ce que leurs pères attendront que la guerre soit déclarée pour exprimer leur volonté de ne plus supporter le cynisme des politiciens qu'ils ont élus ? Et, parmi ceux qui sont visés, n'y en a-t-il pas de conscients, dont l'esprit se révolte aux besognes auxquelles on veut les vouer ? Enfin, tous ceux dont le travail seul alimente les dépenses extravagantes de la militarite aiguë, dont nous allons crever, n'ont rien à dire qu'ils se taisent.

Est-ce que le pays ne devrait pas déjà être couvert de groupes de résistance et de protestation sous toutes les formes ? Et, puisque la peur de la non-réélection est le commencement de la sagesse de l'élu, est-ce que les électeurs, dans chaque circonscription, n'auraient pas dû agir auprès des comités électoraux pour signifier à leur élu que le vote de la loi infâme serait la fin de son mandat ?

Allons donc ! on grogne, on grogne en soi-même, on grogne entre copains, entre deux verres sur le zinc, on grogne en famille, on grogne où l'on peut, mais on n'a plus l'élan énergique qui, dressant l'opinion publique devant les gouvernants, les force à réfléchir, à s'arrêter dans leurs mesures rétrogrades.

Cependant, ce qui ne s'est pas fait peut se faire encore.

Que les gens se ressaisissent, que les protestations se fassent entendre, que les groupes s'organisent, et l'opinion publique finira par avoir raison des sangsues qui sont collées à notre peau, qui, sans cela, finiront par tuer en nous toute vitalité, si nous n'avons pas l'énergie de nous en débarrasser.

J. GRAVE.

A ceux qui n'ont rien à espérer de la Guerre

Sous prétexte de patriotisme, de défense du territoire, vous consentez depuis quarante ans, à donner vos fils pour créer une armée formidable. Vous vous êtes laissé imposer à l'extrême pour que les grandes usines métallurgiques fabriquent des armes, des munitions, que l'on transforme périodiquement, afin de renouveler les commandes.

Il s'est ainsi créé au-dessus de vous une féodalité financière et usinière qui vous a imposé d'entretenir un personnel et un matériel de meurtre surchargeant le budget de plus d'un milliard pour une œuvre de destruction, alors que tant de travaux utiles restent en souffrance, qu'un cinquième du territoire reste en friche.

Mais on n'entretient pas une meute de meurtre sans être entraîné à l'exercer et, comme chaque nation est en proie à la même folie, la possibilité de la guerre pèse continuellement sur vous, empêchant des progrès que tout le monde désire et absorbant les milliards qui les permettraient.

Et c'est ainsi qu'à l'aide des grands mots de Dieu, Patrie, Liberté, quatre bandits couronnés, avec la complicité plus ou moins tacite d'autres forbans, viennent de lancer les peuples balkaniques dans une guerre qui peut déchaîner un conflit général.

Des prétextes plausibles ne manquent jamais, même aux actions les plus abominables. C'est ainsi que Serbes, Monténégrins, Grecs et Bulgares se font massacrer pour le plus grand profit des bandits qui les mènent alors qu'ils croient travailler à l'émancipation de leurs frères ethniques.

Puis, comme si ce n'était pas assez des fusils à tir rapide, des canons à longue portée, des mitrailleuses et des shrapnells, fauchant les bataillons comme la faux abat les épis mûrs, le choléra se met de la partie. Demain, il peut être chez vous.

Quant aux paysans et autres prolétaires des nations belligérantes qui auront échappé au massacre, à l'épidémie, lorsque la lutte sera finie, qu'auront-ils gagné à ces tueries ?

Comme les vaincus ne seront pas assez riches pour payer les frais de la guerre, les vainqueurs auront à payer les frais de leur gloire : pensions aux blessés, intérêt et remboursement aux capitalistes des sommes qu'ils auront prêtées à leurs maîtres.

Puis, comme le matériel de destruction aura, lui-même, été détruit, il faudra le renouveler ; et comme un agrandissement de puissance exige un agrandissement de représentation, il faudra augmenter ce matériel et ce personnel de meurtre et de destruction, et, sans doute, la liste civile des maîtres : on empruntera de nouveau. Mais comme c'est celui qui travaille qui est le seul à payer pour tous, les vainqueurs et ceux qu'ils auront « libérés », courbés sous le même joug, auront vu leurs charges augmenter, la vie devenue plus difficile et leur liberté diminuée.

Enfin, comme un crime en entraîne un autre, il est fort possible que les annexions qui se préparent ne soient pas du goût de ceux qui dirigent les autres nations européennes, et que l'intervention d'une seule même, amène une conflagration générale.

Et, vous-mêmes, serez entraînés au carnage sans qu'on vous ait consultés.

Car vos gouvernants — quoique vous soyez souverains — peuvent déclarer la guerre sans prendre votre avis, ou, s'ils n'osaient en prendre la responsabilité, ils sauraient la rendre inévitable et se la faire déclarer, ce qui reviendrait au même.

Ils peuvent nous acculer à la guerre, sans même consulter vos soi-disant représentants, les députés, ce qui, du reste, n'a aucune importance, ceux-ci étant à la solde des sociétés financières, qui, aujourd'hui, sont les seules souveraines des destinées des peuples, et décident selon leurs intérêts, de la guerre ou de la paix.

Cependant, si vous en avez assez de payer pour envoyer vos fils s'abrutir à la caserne, si vous en avez assez de payer pour la fabrication d'un matériel de destruction, si vous ne voulez pas que l'on vous envoie à un massacre d'où rien de bon ne peut sortir pour vous, vous pouvez l'éviter en redressant l'échine que vous tenez courbée depuis si longtemps devant vos maîtres et en leur faisant entendre une bonne fois pour toutes votre volonté.

Cent, mille, dix mille protestations isolées n'auront aucune valeur, mais des centaines de milliers de protestations s'élevant ensemble sur tous les points du territoire arriveront à se faire entendre surtout si elles expriment la volonté formelle de leurs auteurs de ne pas se laisser enrôler et de faire retomber les responsabilités sur ceux qui les auraient encourues.

Si vous criez à vos maîtres assez haut que vous ne souffrirez pas que vos fils soient envoyés à la boucherie, si les mères se réunissent en masse, pour déclarer que, la guerre votée, elles arracheront les armes des mains de leurs enfants, vos maîtres seront bien forcés de tenir compte d'une volonté nettement exprimée.

Et alors, si vous arrivez à empêcher la guerre, vous comprendrez combien il est absurde de se ruiner pour entretenir un personnel de destruction, pour fabriquer des instruments de mort, vous serez sur la voie de l'affranchissement car les armées auront vécu.

Sachez que les gouvernants — quels qu'ils soient — n'osent que ce que les gouvernés sont assez lâches pour supporter, et que si, encore une fois, la civilisation est appelée à rétrograder devant la guerre, c'est à votre lâcheté que vous le devrez, et que les lâchetés se paient d'oppression et d'exploitation.

LE "GROUPE DES TEMPS NOUVEAUX".

A ceux qui supportent toutes les charges

La réaction qui, sous la poussée des événements et de l'opinion publique avait fait quelques concessions à l'esprit moderne, relève la tête de toutes parts. Et la plus dangereuse n'est pas celle qui proclame hardiment sa volonté de nous ramener la monarchie — celle-là est vouée à une agitation stérile — mais bien celle qui, prenant le masque du radicalisme, essaie, sous prétexte de patriotisme, de ressusciter l'esprit militariste et cocardier qui commençait à s'effacer.

Le service de deux ans, que la plupart croyaient n'être qu'une étape vers une diminution nouvelle du temps que les jeunes gens doivent passer à la caserne, est menacé d'être reporté à trois ans, et, sans doute, dans l'esprit des réacteurs, devoir être encore prolongé dans l'avenir.

Vous êtes écrasés par un budget de quatre milliards dont un quart et plus est absorbé par les charges militaires. Vous êtes le peuple le plus imposé d'Europe, et voilà que vos maîtres veulent encore augmenter ce budget d'un demi-milliard, allonger la durée du service militaire, afin d'avoir plus d'hommes à nourrir, à habiller et équiper, afin d'augmenter les bénéfices des industriels qui vivent de ce rapt.

On vous vole le produit de votre travail pour entretenir une armée destinée à vous fusiller en temps de grève; mais encore on veut vous assujettir une année de plus à cette vie de caserne si avilissante et démoralisatrice.

Est-ce qu'à l'énoncé d'une pareille prétention une clameur de réprobation n'aurait pas dû s'élever par tout le pays faisant taire les mensonges de la presse vendue ?

Oh ! sans doute, ce bluff ne cache peut-être que quelque combinaison financière visant à vous arracher un demi-milliard de plus destiné à boucher la gueule des requins des sociétés anonymes de constructions de cuirassés, d'aéroplanes, des fournisseurs de subsistances, d'habillement et d'équipement. Vous rendez-vous compte de ce que ce milliard et demi de dépenses militaires représente de dividendes aux actionnaires, de gros emplois grassement rémunérés, et de pots-de-vin ?

Mais n'est-ce pas jouer avec le feu que d'accumuler sans cesse les moyens de guerre, alors que, surtout, certains loups-cerviers sont intéressés à lancer les nations les unes contre les autres, afin de se disputer les marchés de l'extérieur ? Sans compter que tout ce bluff patriotique ne va pas sans rodomontades, ni menaces plus ou moins déguisées.

Or, les frais de cette guerre, c'est vous qui les paierez de votre argent, de votre peau ; car c'est vous, vous seuls, que l'on enverra tuer ou se faire estropier ; c'est vous seuls qui paierez les milliards sauvagement gaspillés dans ces orgies de meurtre, et c'est encore vous qui paierez les indemnités des pertes et destructions que la guerre aura amenées.

Mais il y a encore un mal moral plus grand que le mal matériel, c'est la régression qu'apportera la guerre.

Si vous êtes vaincus — chose tout à fait admissible, étant donné que nos culottes de peau sont à la hauteur morale de celles qui nous valurent la râclée de 71 — c'est la porte ouverte à une nouvelle recrudescence de revanchardisme, c'est le triomphe du militarisme.

Si vous êtes vainqueurs, ce sera pis. Le militarisme triomphant et insolent sera votre maître incontesté — après la police. Et comme les masses énormes mises en mouvement auront absorbé toutes les ressources financières des combattants, vous n'aurez pas même la ressource de faire payer aux vaincus l'argent que vous aurez dépensé.

Vous pouvez, si vous voulez, empêcher ce retour agressif de la barbarie. Chaque fois que les gouvernants, ayant une iniquité à commettre, ont trouvé devant eux une opinion publique résolue à les en empêcher, ils ont toujours reculé de commettre l'infamie qu'ils préméditaient.

Au lendemain de l'affaire Dreyfus, vous n'avez pas su exiger la réalisation des promesses faites, vous n'en avez pas profité pour rogner les griffes du militarisme. Rome et l'État-major relèvent la tête et veulent vous dominer.

Mais, encore une fois, ce triomphe de la réaction vous pouvez l'arrêter, ces menaces de guerre, vous pouvez les briser. Est-ce que, parmi ceux qui sont menacés, il n'y a pas assez d'individus conscients pour faire entendre qu'ils ne veulent pas se laisser brider ? Est-ce que les mères acceptent, résignées, qu'on envoie leurs fils au massacre, qu'aucune ne bougera pour crier son dégoût à la face des réacteurs ? Est-ce que vous tous, vous acceptez de voir sans cesse augmenter les charges et les devoirs, que, pour une fois, vous n'oserez pas vous dresser devant vos maîtres et leur dire que vous êtes résolus à les empêcher de vous traiter en bétail soumis ?

Ceux qui ont intérêt à la guerre sont puissants, parce que, unis et fortement organisés, sans scrupules, et résolus à tout : mais ils ne sont qu'une infime minorité devant ceux qui désirent vivre et se développer en paix. Que ceux-ci sachent donc se faire entendre, et leur voix couvrira celle des impudents.

Vos députés qui, pour la plupart du temps, se moquent de vous, sont cependant retenus de s'en moquer indéfiniment par la crainte de la non-réélection, si vous savez exiger d'eux ce que vous êtes en droit de leur demander, l'exécution de vos volontés. Qu'attendez-vous donc pour les manifester ?

Tandis que, si vous restez inertes, non seulement vous aurez la loi de trois ans, mais vous aurez la guerre, et la botte éperonnée du soudard triomphant vous écrasera de plus en plus. Ce seront des charges nouvelles, un accroissement de despotisme, un accroissement de misères, non seulement pour les générations futures, qui paieront pour votre lâcheté, mais aussi pour vous qui n'aurez que ce que vous aurez mérité.

LE "GROUPE DES TEMPS NOUVEAUX".

LA GLOIRE

La gloire, sous ses chimères
Et sous ses chars triomphants
Met toutes les pauvres mères
Et tous les petits enfants.

Notre bonheur est farouche :
C'est de dire : allons, mourons !
Et c'est d'avoir à la bouche
La salive des clairons.

L'acier luit, les bivouacs fument ;
Pâles, nous nous déchaînons ;
Les sombres âmes s'allument
Aux lumières des canons.

Et cela pour des altesses,
Qui, vous à peine enterrés,
Se feront des politesses
Pendant que vous pourrirez.

Et que dans le champ funeste,
Les chacals et les oiseaux,
Hideux, viendront voir s'il reste
De la chair après vos os !

Aucun peuple ne tolère
Qu'un autre vive à côté
Et l'on souffle la colère
Dans notre imbécillité.

C'est un Russe ! Egorge, assomme.
Un Croate ! feu roulant.
C'est juste. Pourquoi cet homme
Avait-il un habit blanc ?

Cet autre, je le supprime.
Et m'en vais le cœur serein,
Puisqu'il a commis le crime
De naître à droite du Rhin.

Rosbach ! Waterloo ! Vengeance !
L'homme ivre d'un affreux bruit,
N'a plus d'autre intelligence
Que le massacre et la nuit...

V. HUGO.

(*Chansons des rues et des bois.*)

LA GUERRE

Air : « La Terre » de Jules Jouy

Quand deux peuples ennemis
Font la guerre,
Les soldats sont réunis
Pour la guerre.
Quittant parents et amis
Pour la guerre,
Ils s'en vont, troupeau soumis,
A la guerre.

Faisant un bruyant accueil
A la guerre,
Les chefs ont au front l'orgueil
De la guerre.
Mais chaque famille en deuil
Par la guerre
Attend en pleurs un cercueil
De la guerre.

Les typhus, les choléras,
Sourde guerre,
Les déciment, les soldats,
A la guerre ;
Sous la neige et les frimas,
A la guerre,
Leurs cadavres font des tas,
Triste guerre !

Qui fait pleurer les mamans ?
C'est la guerre.
Qui nous détruit nos enfants ?
C'est la guerre.
S'ils partent, gais et chantants,
Pour la guerre,
Combien reviendront vivants
De la guerre ?

Tout commence et tout finit
Par la guerre :
L'enfant qui joue et sourit
A la guerre,
L'homme jeune et fort qui vit
Pour la guerre,
L'invalide qui survit
A la guerre.

Mais quand les hommes lassés
De la guerre,
Et de tous les maux causés
Par la guerre,
Se seront débarrassés
De la guerre,
Tous chanteront, enlacés :
Plus de guerre !

SPES
(Officier de l'active).

PATRIE

« Tuez ! tuez ! le sang de l'ennemi qui meurt
Abreuve l'avide patrie ;
Elle veut, pour concert, l'effroyable rumeur
Qui jaillit de la chair meurtrie ;
Elle a des cris de joie, elle a des cris d'amour,
Quand, fauchant ses moissons amères,
La guerre fratricide a détruit, en un jour,
L'ultime espoir des pauvres mères.
Elle aime le sang chaud, le sang rouge et fumant,
Qui sourd des veines, par secousses,
Les cadavres bleuis d'affre, innombrablement
Jonchés sur les collines rousses ;
Les coteaux labourés par les âpres boulets ;
Les froments, les vignes, les orges,
Dévastés, pantelants ; les arbres, tors et laids,
Brûlés comme au foyer des forges !
Tuez ! tuez ! la guerre attise au fond des cœurs
Les appétits anthropophages ;
La patrie a la main pleine, elle offre aux vainqueurs,
Avec la gloire des pillages,
Aux vaincus, de la haine, aux mères des remords,
Aux mourants de toutes les races,
Pour suaire la nuit froide et pour croque-morts,
Les corbeaux âpres et voraces ! »

Ainsi le clairon chante en trilles éclatants,
Ainsi le tambour des batailles
Clame, en rythmes joyeux, aux guerriers exultants,
Aux valets des rouges mitrailles,

Le devoir commandé de par tous les drapeaux
Aux fils de toutes les patries :
« Tuez ! tuez ! » Et les soldats, fauves troupeaux,
Se vautrent dans les tueries.
O guerre, qui veux des cadavres en tribut,
Broyés en hécatombes vaines,
Guerre, qui fais saigner, dans un coupable but,
L'humanité par toutes veines,
Quand donc cesseras-tu de nourrir les corbeaux
De chairs vivantes et soumises ?
Quand donc cesseras-tu de combler les tombeaux
Des crânes que tu fanatises ?
Quand t'arrêteras-tu de jeter aux esprits
L'appât de ta gloire-chimère,
Et de, brutalement, arracher tant de cris
Au cœur broyé de toute mère ?...

Les soldats contre les soldats se sont rués,
Et la force contre la force
S'acharne sans merci. « Tuez ! tuez ! tuez !
Visez le front, visez le torse
Où le cerveau divague, où le cœur bat trop fort,
Où la raison, presque complice,
Ne comprend plus l'angoisse ultime, qu'en effort,
Laisse s'exhaler la justice. »
Et le flot de sang coule et bouillonne en sourdant
Des largement béantes plaies,
Et de râlants hoquets couvrent l'appel strident
Des balles qui s'envolent, gaies ;
Et les cadavres roux s'essaiment, tas humain
De chairs informes et meurtries,
Que se vont disputer les rapaces, demain ;
Et voilà votre œuvre, ô patries !...

Patrie ! ô dieu Moloch, c'est là ton nouveau nom ;
Pour remplir ton sinistre office,
La haine est ton église, et l'affût d'un canon
Sert d'autel à ton sacrifice.

Va donc, ô dieu nouveau, rejoindre les dieux morts
Dans les olympes chimériques,
Va mêler à leurs ris fous le bruit du remords
De tes crimes patriotiques;
Sombre ! puisque ton nom — amour vague du sol
Où le hasard nous a fait naître —
N'est plus qu'un gras humus où croît le meurtre fol,
Où germe la force du Maître;
Sombre ! et nous taillerons dans les plis du drapeau,
Loque sangante, loque immonde,
Un suaire pour les loups-gardes du troupeau
Qui peine et souffre par le monde;
Sombre ! notre patrie est plus grande que toi:
Au delà de toute frontière,
Sans maître et sans drapeau, sans autel et sans loi,
C'est l'humanité tout entière;
Et que sombre avec toi le monceau rebutant
Des dieux dont la crainte nous mène:
Nous voulons librement être frères, étant
Tous taillés dans la chair humaine.

LEO KADY.

L'ÉPÉE

Qu'est ce tranchant de fer souple, affilé, pointu ?
Ce ne sont pas les flans de la terre qu'il fouille,
Ni les pierres qu'il fend, ni les bois qu'il dépouille.
Quel art a-t-il servi, quel fléau combattu ?

Est-ce un outil ? Non pas ! car l'homme de vertu
L'abhorre : ce n'est pas la sueur qui le mouille,
Et ce qu'on aime en lui, c'est la plus longue rouille.
« Lame aux éclairs d'azur et de pourpre, qu'es-tu ?

« — Je suis l'épée, outil des faiseurs d'ossuaires,
« Et, comme l'ébauchoir aux mains des statuaires,
« Je cours au poing des rois, taillant l'homme à leur gré.

« Or, je dois tous les ans couper la fleur des races,
« Jusqu'à l'heure où la chair se fera des cuirasses,
« Plus fortes que le fer, avec le droit sacré. »

SULLY-PRUDHOMME.

LA PRODUCTRICE (Ass. Ouv.), 51, rue Saint-Sauveur,
Paris. — 2090. — Téléphone 121-78.

LES "TEMPS NOUVEAUX" Paraissant tous les 8 jours avec un Supplément littér
10 *cent. le numéro. — Administration :* **4, rue Broca**
ABONNEMENT : France, un an, 6 fr.; Extérieur, 8 fr.

EN VENTE AUX "TEMPS NOUVEAUX"

L'Education libertaire, par D. NIEUWENHUIS, couverture de HERMANN-PAUL »
Le Machinisme, par J. GRAVE, couverture de LUCE........................ » 1
Pages d'histoire socialiste, par W. TCHERKESOFF........................ » 1
A mon Frère le Paysan, par E. RECLUS, couverture de RAIETER........... » 3
La Morale anarchiste, par KROPOTKINE, couverture de RYSSELBERGHE..... » 1
Déclarations d'Etiévant, couverture de JEHANNET........................ » 1
La Colonisation, par J. GRAVE, couverture de COUTURIER................ » 1
Entre Paysans, par E. MALATESTA, couverture de WILLAUME............... » 1
Patrie, Guerre et Caserne, par Ch. ALBERT, couverture d'AGARD (*épuisé*).. » 1
L'Organisation de la Vindicte appelée Justice, par KROPOTKINE, couverture de J. HÉNAULT.. »
L'Anarchie et l'Eglise, par E. RECLUS et GUYOU, couv. de DAUMONT (*épuisé*). » 1
La Grève des Electeurs, par MIRBEAU, couverture de ROUBILLE........... » 15
Organisation, Initiative, Cohésion, par J. GRAVE, couverture de SIGNAC... » 15
Le Tréteau électoral, piécette en vers, par LÉONARD, couv. de HEIDBRINCK. » 15
L'Election du Maire, piécette en vers, par LÉONARD, couverture de VALLOTON. » 15
La Mano-Negra, couverture de LUCE.. » 15
La Responsabilité et la Solidarité dans la Lutte ouvrière, par NETTLAU, couverture de DELANNOY.. » 15
Anarchie-Communisme, par KROPOTKINE, couverture de LOCHARD (*épuisé*) . » 15
Si j'avais à parler aux Electeurs, par J. GRAVE, couvert. de HERMANN-PAUL » 10
La Mano-Negra et l'Opinion française, couverture de HÉNAULT.......... » 10
La Mano-Negra, dessins de HERMANN-PAUL................................. » 40
Entretien d'un Philosophe avec la Maréchale, par DIDEROT, couverture de GRANDJOUAN... » 15
L'Etat, son rôle historique, par KROPOTKINE, couverture de STEINLEN..... » 25
La Femme esclave, par CHAUGHI, couverture de HERMANN-PAUL.............. » 15
Vers la Russie libre, par BULLARD, couverture de GRANDJOUAN............ » 35
Le Syndicalisme dans l'Evolution sociale, par J. GRAVE, couv. de NAUDIN. » 45
Les Habitations qui tuent, par Michel PETIT, couverture de Frédéric JACQUE. » 15
Le Salariat, par P. KROPOTKINE, couverture de KUPKA..................... » 15
Evolution-Révolution, par E. RECLUS, couverture de STEINLEN (*épuisé*).... » 15
Les Incendiaires, par VERMESCH, couverture de HERMANN-PAUL.............. » 15
La Vérité sur l'Affaire Ferrer, par Auguste BERTRAND, couverture de LUCE. » 10
Terre Libre, par J. GRAVE.. 3 »
Patriotisme, Colonisation, illustré... 6 »
Les Prisons, par KROPOTKINE, couverture de DAUMONT...................... » 15
L'Enfer militaire, par A. GIRARD, couverture de LUCE.................... » 20
Sur l'Individualisme, par PIERROT, couverture de MAURIN................. » 15
L'Entente pour l'Action, par J. GRAVE, couverture de RAIETER............ » 15
Quelques Vérités économiques, par Louis BLANC, couverture de DISSY... » 10
Une des Formes nouvelles de l'esprit politicien, par Jean GRAVE, couverture de LUCE... » 10
Travail et Surmenage, par M. PIERROT...................................... » 15
La Conquête des Pouvoirs Publics, par J. GRAVE, couverture de LUCE. » 10
Le Parlementarisme contre l'action ouvrière, par PIERROT et GIRARD, couverture de RODO PISSARO.. » 15
La Royauté du Peuple souverain, par PROUDHON, couverture de RAIETER.... » 10
Les Conditions du Travail dans la Société actuelle, par SIMPLICE....... » 10
L'Evangile de l'Heure, par BERTHELOT couverture de JEHANNET............ » 15
Travail de l'Enfance dans les Verreries, par DELZANT, dessin GRANDJOUAN. » 15
Les Trois Complices (prêtre, juge, soldat), par R. CHAUGHI, dessin RAIETER. » 15
La Guerre, par Pierre KROPOTKINE, couverture de STEINLEN.............. » 15
Contre la loi Millerand, par F. DELAISI, couverture illustrée.............. » 15
L'Hygiène des Nourrissons, par M. PETIT.................................... » 15
A bas les Chefs, par DÉJACQUES... » 15
Les Scientifiques, par Jean GRAVE.. » 10
La Loi et l'Autorité, par KROPOTKINE...................................... » 15
Le Militarisme, par DOMELA NIEUWENHUIS.................................. » 15
Contre la Folie des Armements, par Jean GRAVE........................... » 15

www.ingramcontent.com/pod-product-compliance
Ingram Content Group UK Ltd.
Pitfield, Milton Keynes, MK11 3LW, UK
UKHW021200230726
13926UKWH00001B/211